Gaymann

Von Hühnern und Menschen

Peter Gaymann

Von Hühnern und Menschen

Cartoons

Philipp Reclam jun. Stuttgart

Umschlagzeichnung von Peter Gaymann

Universal-Bibliothek Nr. 18073

Gesamtherstellung: Reclam, Ditzingen. Printed in Germany 2000

ISBN 3-15-018073-2

Inhalt

Tiere

Hallo!
Kennen wir uns?
P. GAY

Da ist das Schwein ja wieder
P. GAY

Es ist ein Gummibärchen
Welche Farbe?
P. GAY

SOFTY
P. GAY

Ich mach das
nicht mehr mit!
Ich steig aus!
P. GAY

Aus allem, was Sie mir heute abend erzählt haben, schließe ich, daß wir uns in Vielem doch sehr ähnlich sind!

Jetzt!
P. GAY

Stimmt das, was die Leute sagen: Daß ich ein Gesicht habe wie ein Dosenöffner?
Mich hat das nie gestört!

Bremer Stadtmusikanten (B-Mannschaft)

Es war die Hölle!
P. GAY

Hot DOGS - Was soll'n das?
Vielleicht 'n Porno !?
HOT DOGS
250 m
P. BAY

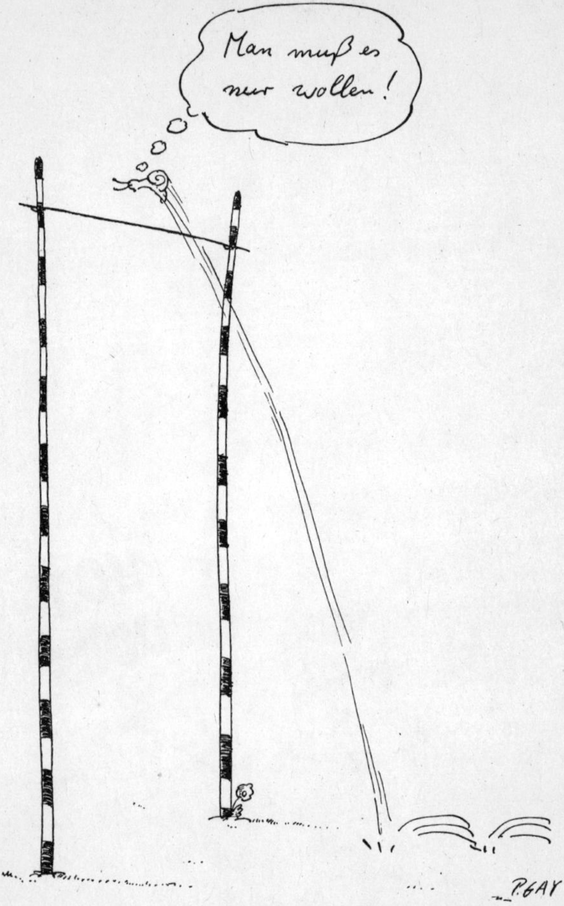
Man muß es
nur wollen!
P. GAY

Hühner

In Amerika werden wir endlich frei sein und unabhängig – verstehst du, Friederike!

Alle Hähne sind Schweine!

Ich
kann
Karate!

Kannst dich noch an unseren vergammelten alten Stall erinnern?
War auch irgendwie schön!
P. GAY

Wir wollten doch diesen Sommer jeden Tag ein Ei legen!
Vergiß es!
P. GAY

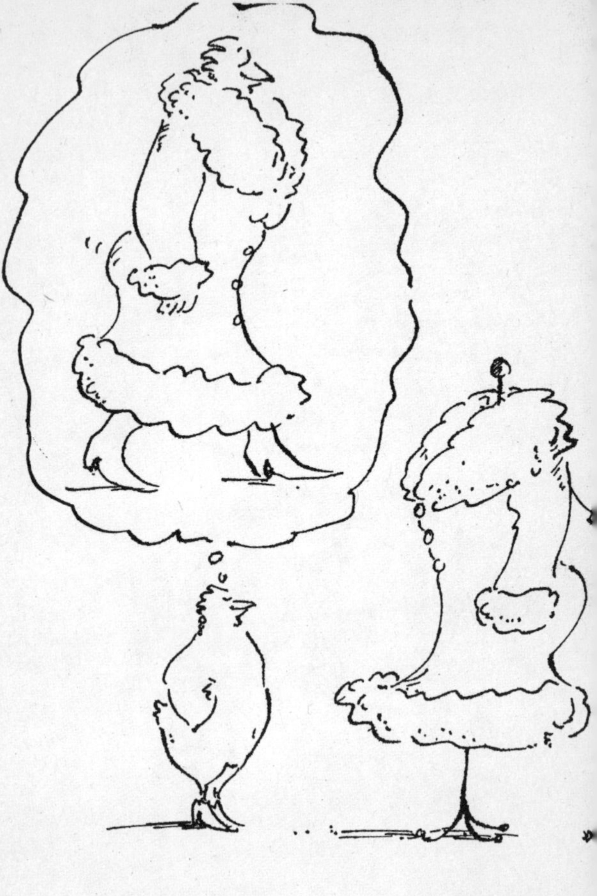

P. GAY

Ich arbeite jetzt nur noch halbtags!
Verstehe!
P.GAY

Hähne

Im Sitzen pinkeln - hast du ihm das beigebracht?
Auch kein schöner Anblick!
P. GAY

DIE GUTEN

DIE SCHLECHTEN

DAS MÄNNCHEN

Ich lebe im Jetzt!
Und wie lange willst du da bleiben?
ZIGARREN
P. GAY

Wir wissen, daß
du da bist!

MÄNNER !!
P. GAY

Ich versteh immer nur BETT!
P. GAY

Mitte Vierzig ist mir dann plötzlich die Brust in den Bauch gerutscht!
T. GAY

ÄNDERUNGS-
ATELIER

Die Trennung von Holger verlief
des 1. September 1999

planmäßig im Morgengrauen

T. GAY

Wenn Männer kochen...

Hör endlich auf, mir ständig mit deinem Super-Horoskop zu drohen!
P. GAY

„Alfons, sag doch was!!"

Schweine

Apropos Mut!
P. GAY

Ich glaub', mit dir hab' ich echt Schwein gehabt!
P. GAY

Das Schwänzchen würde ich auf jeden Fall über der Hose tragen. – Das sieht einfach lässiger aus! Darf ich?
XXXL

Er war intelligent, schön, stark, zärtlich, einfühlsam
– eben ein richtiges Schwein!

Mein Name ist
Bond!
– Karl-Heinz
Bond!
P. GAY

Mein Motto
lautet:
Ein gesunder Geist...
... in einem
runden
Körper!
P.G.

Wir ergänzen uns
auf geradezu magische
Weise!
P. GAY

Jetzt machen Sie
sich mal keine
Sorgen –, *ich* bin
hier das größere Schwein!

Wenn sie
jetzt lächelt
ist alles gebongt

Esoteriker

Mach ich jetzt ne Therapie oder trinke ich noch ne Tasse Kaffee?
T. GAY

Irgendwas
will da
raus
Ich muß
mal!

Das Ei war raus. Sie hätte jetzt Zeit gehabt für andere Dinge. Da überfiel sie wieder diese unendliche Leere.

REGEN!
REGEN!
REGEN!
Scheiße -
es funktioniert!
P. GAY

Ich bin ein Adler!
Ich bin ein Adler!
Ich bin ein Adler!
P. GAY

TAI – CHICK für Anfänger
Bewege dich langsam und
konzentriere deine Energie
auf das Wesentliche !!

Na, Na, Na
da kommt aber
grad ne ganz miese
Energie rüber!
H
P. GAY

Ich denke es ist eine Frage der Atemtechnik!
P. GAY

Köche

Erstes Kontaktgespräch!
Gibt es Gewürze, auf die Sie allergisch reagieren?

Sie haben mich rufen lassen??

Für so einen Quicky würde ich mich nie hergeben!
DIE 5-MINUTEN TERRINE

Auch Maikäfer sollte man erst waschen, bevor man sie isst!
PIGAY

Eigentlich schade um die gute Brühe.

Ich bin heute abend zu einem Grillfest eingeladen!
Sag mal- dann wird ja deine Wohnung frei?!

Dressing ?
Italienisch !

- positiv denken! -

Ich will Sie zu
nichts zwingen,
aber ich lasse Ihnen
mal mein Kärtchen da!

Du riechst soooo gut!
Schwacher Trost

Paare

ICH WILL DICH GLÜCKLICH MACHEN!
P. GAY

Ich will Aufmerksamkeit, ich will Nähe ich will Liebe und Verständnis, ich will...
Ich will erstmal en Bier!
P. GAY

Ich bin der geheimnisvolle Fremde, der dich entführen will in die Welt der Abenteuer, der Lüste, der Leidenschaften und der ganz großen Gefühle!
Erstmal Schuhe abputzen!
P. GAY

Willst du dich nicht langsam auch umziehen?
Ist das heute??
Hochzeit
P.GAY

Wir haben alle
unsere Krisen
auf Video!
P. GAY

Wo kann man heute noch Männer kennenlernen?
Auf Frauenparkplätzen!
BRIGITTE
P. GAY

ACHTUNG MÄNNER
IMMER MEHR FRAUEN TRETEN AUS DER KÜCHE AUS !!!
SPORT
P. GAY

So einen Typ würde ich schon mal gern an die Wäsche gehen!
Du denkst immer nur ans Bügeln!
P. GAY

Nee
Sie verlieben sich grade in MANFRED

Wissen Sie, wir lieben uns, ABER ich will unbedingt Kinder!
Und ich will keine Kinder!
O.K. – Wer das längere Hölzchen zieht!
HERR
hat den PSYCHO-WORKSHOP

Die Wahrheit ist:
Ich stehe zwischen
zwei Männern
und Du bist
keiner davon!

Ich geh' uns Brötchen holen.
– Falls ein Richard anruft,
sag' ihm, daß ich jetzt mit
dir zusammen bin!

Kann ich in
einer Minute zurück-
rufen? – Wir sind
grad beim Vorspiel!

Suchst du die Mama odr den Papa?
Wenn heute Wochenende ist den Papa!

MANN ENTLAUFEN
–
HÖRT AUF DEN NAMEN SPATZEL!
Tel: 07643-4898
P. GAY

Nein, ich sagte nicht PARTNERSCHAFTLICH, ich sagte: MEIN PARTNER SCHAFFT MICH!
P. GAY

Für dich: Das BIEST!
Das heißt immer noch Ex-Frau!
P. GAY

Liebe Freunde,

dieses Jahr verbringe ich meine Osterferien in einem italienischen Ferienhaus in Umbrien, der einzigen Region Italiens, die nirgendwo ans Meer grenzt, genauer: in einem winzigen Bergdorf in 650 m Höhe. Momentan sitze ich hier auf einer kleinen Plattform außerhalb unseres Adlerhorstes in der Sonne und genieße den Ausblick auf die Bilderbuch-Bergwelt ringsum. Gegenüber in ca. 300 m Entfernung klebt ein weiteres kleines Borgo, wie hier die Dörfer heißen, am Abhang. Wenn sich die wenigen dort noch lebenden Bewohner (Bauern, Schafhirten) durch den Ort bewegen, kommen mir die wunderbaren Zeichnungen des von mir hochgeschätzten Sempé in den Sinn. Diese kleinen Figuren, die so verloren wirkend den riesigen Landschaften trotzen.

Sich an diesem Ort aufzuhalten heißt für mich im Grunde NICHTS tun, außer Holz hacken, Feuer machen, Spaghetti mit Trüffeln essen, Forellen grillen oder Angst vor Wildschweinen und Vipern zu haben. Ich habe hier noch nie einen Cartoon gezeichnet, geschweige denn ein NACHWORT geschrieben. Heute muß ich es tun. Nämlich ein Nachwort schreiben, denn Ostern ist Abgabetermin. Und übermorgen ist Ostern. Das erkennt man daran, daß die Bauern Lämmer schlachten.

Das Problem ist: Ich habe keine Idee. Bisher habe ich selten über mich und meine Arbeit geschrieben. Schließlich nennen sie mich den Zeichner. Selbst die Sprechblasen machen mir oft Mühe. Mitunter liegen meine Zeichnungen tagelang im Atelier verstreut und hungern nach Text. Das ist kein schöner Anblick. Ich werde unausstehlich und nervös, gehe nicht ans Telefon und rauche drei

Zigarillos gleichzeitig. An solchen Tagen macht sich selbst Luigi, in dessen Eiscafé ich in der Mittagspause meinen Espresso nehme, Sorgen um mich. Seine Versuche, mir zu helfen, scheitern kläglich.

Am ehesten klappt es noch im ICE. Da kann es dann vorkommen, daß ich auf einer Fahrt von Köln nach Hamburg, Freiburg, Kassel oder zurück bis zu 15 Kurzdialoge für meine »Brigitte«-Serie *Die Paar Probleme* entwickele. Vielleicht liegt es daran, daß man bei dem Gewackele im Zug so schlecht zeichnen kann. Sei's drum. Jedenfalls erfüllt es mich mit größter Genugtuung, wenn ich mit einem solchen Sprachschatz nach Hause komme.

Manchmal werde ich bei Interviews gefragt: Wie kommen Sie bloß immer auf diese Ideen? Darauf antworte ich normalerweise: Ich bin ein überzeugter Voyeur und ein ganz passabler Zuhörer. Ich sitze gerne mit Freunden zum Quatschen zusammen. Bei diesen Gelegenheiten stelle ich immer wieder mit Freuden fest, daß es den anderen auch nicht besser geht als mir. Dabei mache ich mir aber niemals Notizen. Sonst wäre ich vermutlich bald einsam. Jedenfalls: Aus diesem ganzen Sammelsurium von Sorgen, Plänen, Frustrationen, Widersprüchen und Hoffnungen entwickeln sich meine Ideen, ganz gleich, ob es sich dabei um Menschen- oder Hühner-Cartoons handelt. Mit Hühnern spreche ich übrigens nie. Womit ich beim eigentlichen Thema wäre: HÜHNER! Ich spreche nicht nur nicht mit Hühnern, ich esse sie sogar. Mein Atelier befindet sich nicht inmitten eines Hühnerstalls, und in meiner Wohnung lungern keine Perlhühner auf Samtkissen. Begegne ich hin und wieder einem echten Huhn, kann es von Schwein sagen, wenn es nicht im Kochbuch landet. Eines meiner schönsten Bücher, neben diesem hier, ist nämlich ein Geflügelkochbuch (Huhn à la Cartoon). Es hat mir in der Tat höllischen Spaß bereitet, die Tierchen direkt neben die tollen Rezepte von Christian Begyn zu zeichnen. Vielleicht habe ich mit diesem Buch einige Fans verloren, aber mit Sicherheit einige Genießer gewonnen. Für die Freunde von Lebensmitteln habe ich den Band *Schöner essen* gezeichnet. Alles weitere über meine Beziehung zu Hühnern entnehmen Sie bitte dem Nachwort meines Buches *GAYMANN'S Hühner*. Dieses Buch sollten Sie unbedingt kaufen. Es läuft nicht besonders gut, obwohl da sehr viel Herzblut drinsteckt.

Im Gegensatz zum Schreiben fällt mir das Zeichnen mittlerweile nach 25 Jahren eher leicht, wenngleich der Ratzefummel immer noch in Reichweite liegt. Beim Zeichnen halte ich es mit Tomi Ungerer, der einmal geschrieben hat, daß er immer nur billiges Papier verwendet, weil er, sobald teurer Karton vor ihm liegt, das Gefühl hat, man darf nichts wegschmeißen. Von hier aus Grüße nach Straßburg. Gezeichnet wird bei mir mit allem, was griffbereit liegt: Bleistifte, Kulis, Federn, Filzstifte. Ausgemalt werden die Bilder immer mit Aquarellfarben. Es ist schwer, gute Aquarelle zu malen, und ich werde nicht ruhen, bis ich es kann. Mit den Aquarellen ist es wie mit dem Kochen. Man kann alles noch in letzter Minute versauen und muß wieder von vorne anfangen. Man ist nie 100 % zufrieden mit dem Ergebnis, und das motiviert natürlich, beim nächsten Mal alles noch besser zu machen. Die Bilder müssen ganz leicht wirken, atmosphärisch. Licht und Schatten müssen zu einem harmonischen Ganzen verschmelzen – wie hier in Umbrien mit den kleinen Figuren in den großen Landschaften. Wie gesagt, ich arbeite daran.

Es muß aber nicht immer bunt sein. Es war schon lange mein Wunsch, wie hier in dem vorliegenden Bändchen, ausschließlich Strichzeichnungen zu veröffentlichen. Das Reduzierte und Skizzenhafte hat seinen besonderen Reiz, bringt alles noch schneller auf den Punkt. Leider wird dabei auch sofort deutlich, wo es noch hapert, nämlich daß ich immer noch nicht besonders gut Hände zeichnen kann (der Verlag schickte eine Zeichnung zurück, weil eine Hand sechs Finger hatte; recht hat er).

Daß ich jetzt trotzdem in der Universal-Bibliothek von Reclam ganz in der Nähe von Goethe stehe, finde ich rührend. Als Neunzehnjähriger hatte ich mit meinem damals besten Schulfreund einen Wettbewerb am laufen. Wir sammelten Reclam-Bändchen. Nur kaufen galt nicht, sie mußten auch gelesen werden. Ich weiß nicht, wer gewonnen hat (ich habe immer noch ca. 2 m davon im Regal stehen). Aber ich nehme mal an, daß der, der als erster einen eigenen Band veröffentlicht, der Gewinner ist.

Schluß für heute. Ich möchte jetzt das wunderbare Abendlicht genießen und zusehen, wie die Schafe in die Ställe getrieben werden. Die Sache mit dem Nachwort verschiebe ich auf morgen.

Schöne Grüße aus »Bella Italia«!

Peter Gaymann